토익 기본기 완성   Week 08

How 의문문_어떻게

How의 기본 뜻은 '어떻게'로서, 방법이나 수단을 물을 때 사용하기도 하고, 의견을 물을 때 사용하기도 합니다. 두 경우 모두 시험에 잘 나오므로 아래 예시를 통해 확실히 익혀 두세요.

어떻게(how) 컨퍼런스에
등록하나요?

■ 방법이나 수단을 묻는 How

어떻게   등록하다
Q **How** do I **register** for the conference?   어떻게 컨퍼런스에 등록하나요?

A Fill out this form.   이 양식을 작성하세요.

어떻게   출근하다
Q **How** do you **get to work** every day?   매일 어떻게 출근하세요?

A I usually take the subway.   저는 보통 지하철을 타요.

어떻게   얻다
Q **How** can I **get** some more copy paper?   제가 어떻게 복사용지를 좀 더 얻을 수 있을까요?

A I can help you with that.   제가 그걸 도와드릴 수 있어요.

■ 의견/상태를 묻는 How

Q 어떤가요
How do you like your new office?

당신의 새 사무실은 어떤가요?

A Great. It's very spacious.

아주 좋아요. 매우 넓거든요.

Q 어땠나요
How was the workshop yesterday?

어제 워크숍은 어땠나요?

A I really enjoyed it.

정말로 즐거웠어요.

Q 어떻게   진행되다
How did your job interview **go**?

취업 면접 어떻게 되었어요?

A It went very well.

아주 잘 진행되었어요.

Q 어떤가요
How's the customer service at ABC Rentals?

ABC 렌탈의 고객 서비스는 어떤가요?

A I would go somewhere else.

저라면 다른 데 가겠어요.

Quiz 음원을 듣고 각 선택지가 질문에 알맞은 응답이면 O, 아니면 X에 표시하고 빈칸을 채워보세요.

---

1 _____ do I become a member?

(A) Fifty dollars a month.   [O X]

(B) You need to fill out this form.   [O X]

(C) Yes, you can.   [O X]

2 _____ was the training session last week?

(A) Yes, I was.   [O X]

(B) It was quite informative.   [O X]

(C) No, I led the session last week.   [O X]

정답 및 해설 p. 23

Practice

정답 및 해설 p. 23

오늘 배운 내용을 바탕으로 연습문제를 풀어 보세요.

▲ MP3 바로듣기

▲ 강의 바로보기

1 Mark your answer.   (A)   (B)   (C)

2 Mark your answer.   (A)   (B)   (C)

3 Mark your answer.   (A)   (B)   (C)

4 Mark your answer.   (A)   (B)   (C)

5 Mark your answer.   (A)   (B)   (C)

6 Mark your answer.   (A)   (B)   (C)

7 Mark your answer.   (A)   (B)   (C)

8 Mark your answer.   (A)   (B)   (C)

9 Mark your answer.   (A)   (B)   (C)

10 Mark your answer.   (A)   (B)   (C)

memo

Today's VOCA

▲ MP3 바로듣기

01 particularly ★★

퍼ㄹ**티**큘러ㄹ리 [pərtíkjulərli]

[부] 특히, 특별히

a **particularly** busy period
특히 바쁜 기간

[파] **particular** [형] 특별한, 특정한

02 purpose ★★

퍼ㄹ퍼스 [pə́ːrpəs]

[명] 목적

for business **purposes**
사업상의 목적으로

03 rising ★★

롸이징 [ráiziŋ]

[형] 증가하는, 상승하는

rising demand for sportswear
증가하는 스포츠 의류의 수요

[파] **rise** [동] 상승하다 [명] 상승, 증가

04 plus ★★

플러스 [plʌs]

[전] ~을 더하여, ~은 별도로 [부] 게다가

pay the balance **plus** a late fee
잔금에 연체료를 더하여 지불하다

05 remarkable ★★

뤼**마**ㄹ커블 [rimáːrkəbl]

[형] 눈에 띄는, 주목할 만한

experience a **remarkable** increase in sales
매출에 있어 눈에 띄는 상승세를 경험하다

[파] **remarkably** [부] 현저하게

06 unlike ★★

언라익 [ənláik]

[전] ~와 달리

unlike the previous edition
예전 판과 달리

07 reasonable ★★

뤼-저너블 [ríːzənəbl]

[형] 합리적인, 합당한, (가격이) 적당한

provide services at **reasonable** prices
합리적인 가격으로 서비스를 제공하다

08 basis ★

베이시(스) [béisis]

[명] 근거, 기초, 단위, 기준

on the **basis** of previous purchases
이전의 구매를 근거로 하여

분사 ❶

▲ 강의 바로보기

📖 분사의 종류

분사는 동사에 -ing 또는 -ed를 붙인 형태로, 분사가 수식하는 명사와의 관계에 따라 현재분사와 과거분사로 나뉩니다. 토익에서 분사 문제는 분사가 수식하는 명사 앞에 올 현재분사 또는 과거분사를 고르는 유형으로 출제되므로, 자주 출제되는 분사를 암기해 둔다면 명사와의 관계를 파악하지 않고도 빠르게 문제를 풀 수 있습니다.

■ 현재분사: ~하는

현재분사는 동사에 -ing를 붙여서 만들고, 현재분사의 수식을 받는 명사와의 관계가 능동일 때 사용합니다.

growing 증가하는	charming 매력적인	changing 변하는	departing 떠나는
leading 선두의	remaining 남아 있는	increasing 증가하는	surrounding 주위의

We enjoyed **growing** profits last year.
우리는 작년에 증가하는 수익을 누렸다.

■ 과거분사: ~된, ~당하는

과거분사는 동사에 -ed를 붙인 형태이고, 과거분사의 수식을 받는 명사와의 관계가 수동일 때 사용합니다.

attached 첨부된	detailed 상세한	limited 제한된	proposed 제안된
priced 가격이 매겨진	revised 개정된	hired 채용된	reduced 할인된

We have planned an orientation for the newly **hired** employees.
우리는 새로 채용된 직원들을 위한 오리엔테이션을 계획해 두었습니다.

📖 분사의 기능

■ 형용사 역할

분사는 동사를 형용사처럼 사용하기 위해 만든 것으로 형용사처럼 명사를 수식할 수 있습니다. 일반적으로 분사는 형용사와 동일하게 명사 앞에 위치해 명사를 수식하지만, 3단어 이상의 길이가 긴 분사구는 명사 뒤로 이동해 뒤에서 명사를 수식합니다.

········ 2단어 이하의 분사는 명사 앞에서 수식해요.

The Copper Canteen has been recognized as a **leading** restaurant in the region.
코퍼 칸틴은 지역에서 선두적인 레스토랑으로 인식되고 있다.

········ 3단어 이상의 분사구는 명사 뒤에서 수식해요.

Guests **remaining** after the seminar will receive a special gift box.
세미나 후에 남아 있는 손님들은 특별 선물 상자를 받으실 것입니다.

■ 보어 역할

분사는 2형식 문장의 주격보어와 5형식 문장의 목적격보어로 사용될 수 있습니다.

The front door of the building should **remain** **closed**.
건물 정문은 계속 닫혀 있어야 한다.

We always **keep** office supplies **stocked** in the warehouse.
저희는 항상 사무 용품들을 창고에 비축된 상태로 유지합니다.

오늘 배운 내용을 바탕으로 연습문제를 풀어 보세요.

1 You can purchase the ticket in advance at a ------- price online.

(A) reduce   (B) reduced
(C) reducing   (D) reduction

memo

2 Despite ------- gas prices, more people drive to work.

(A) rising   (B) rose
(C) risen   (D) rises

3 Please carefully follow the ------- instructions if you want a refund on the hairdryer.

(A) attach   (B) attaches
(C) attached   (D) to attach

4 The ------- product catalog contains the full range of Harry's Hardware merchandise.

(A) revision   (B) revising
(C) revised   (D) revise

5 Mr. Browning's multivitamins were delivered along with a leaflet ------- their health benefits.

(A) describing   (B) described
(C) have described   (D) describes

Today's VOCA

01 value
뺄류 [vǽljuː]

명 (비용 대비) 가치, 유용성 동 소중하게 여기다

be described as a great **value** for
~에게 대단한 가치가 있다고 설명되다

파 **valued** 형 소중한

02 rely
륄라이 [rilái]

동 의존하다(on, upon)

rely heavily on online product reviews
온라인상의 제품 후기에 크게 의존하다

03 reason
뤼이즌 [ríːzn]

명 이유, 근거 동 논리적으로 생각하다

for security **reasons**
안전상의 이유로

04 point
퍼인(트) [pɔint]

명 요소, 요점, 득점 동 ~을 강조하다, 가리키다

the selling **point** for the house
그 집이 팔리게 하는 핵심 요소

05 audience
어디언스 [ɔ́ːdiəns]

명 관중, 청중

target a young **audience**
젊은 층을 겨냥하다

06 superior
서피어리어ㄹ [səpíəriər]

형 보다 우수한, 상급의

superior customer service
보다 우수한 고객 서비스

파 **superiority** 명 우월, 우세

07 approach
어프로우춰 [əpróutʃ]

동 접근하다 명 접근(법), 진입

decide how to **approach** the new market
새로운 시장에 어떻게 접근할지 결정하다

파 **approaching** 형 접근하는, 다가오는

08 appealing
어필-링 [əpíːliŋ]

형 매력적인, 마음을 끄는

make our design more **appealing** to teenagers
우리 디자인이 10대들에게 더 매력적이도록 만들다

How 의문문_얼마나

How는 뒤에 형용사나 부사를 동반하여 '얼마나 ~한/~하게'라는 의미로 가격, 수량, 기간, 거리, 정도 등을 묻는 의문문이 되기도 합니다. 뒤에 오는 형용사/부사에 따라 아주 다양한 의미를 나타내므로 「How + 형용사/부사」를 덩어리째 듣고 그 의미를 정확히 파악해야 합니다.

• How many[much] ~?	얼마나 많은[많이] ~인가요?
• How often ~?	얼마나 자주 ~인가요?
• How long ~?	얼마나 오래 ~인가요?
• How soon ~?	얼마나 빨리 ~인가요?
• How far ~?	얼마나 멀리 ~인가요?

얼마나 많은(How many)
사람들이 회의에 참석했나요?

■ How + 형용사/부사

얼마나 많은
Q How many people attended the meeting?　　　　얼마나 많은 사람들이 회의에 참석했나요?

A About 20.　　　　약 20명이요.

얼마(금액)
Q How much does this jacket cost?　　　　이 재킷은 값이 얼마나 하나요?

A It's on sale for $99.　　　　99달러에 할인 판매 중입니다.

얼마나 자주
Q How often do you check your e-mail account?　　　　얼마나 자주 이메일 계정을 확인하세요?

A Two to three times a day.　　　　하루에 2~3번이요.

········· once a day: 하루 한 번
twice a day: 하루 두 번

얼마나 오래
Q How long will it take to get to New York?　뉴욕까지 얼마나 오래 걸릴까요?

A Three hours by train.　기차로 3시간이요.

얼마나 빨리
Q How soon can you finish the sales report?　매출 보고서를 얼마나 빨리 끝낼 수 있겠어요?

A In about an hour.　약 한 시간 후에요.

얼마나 멀리
Q How far are we from the airport?　공항에서 얼마나 멀리 떨어져 있나요?

A About 10 kilometers, I guess.　약 10킬로미터 쯤이요.

Quiz　음원을 듣고 각 선택지가 질문에 알맞은 응답이면 O, 아니면 X에 표시하고 빈칸을 채워보세요.

1 _____ is the flight to Los Angeles?

(A) About two hours.　　　　　　　　　　　　　[O X]

(B) Because of a delay.　　　　　　　　　　　　[O X]

(C) The flight leaves tomorrow.　　　　　　　　[O X]

2 _____ does the tennis club meet?

(A) Once a week.　　　　　　　　　　　　　　　[O X]

(B) Every two months.　　　　　　　　　　　　[O X]

(C) At the sports center.　　　　　　　　　　　[O X]

정답 및 해설 p. 25

Practice 정답 및 해설 p. 26

▲ MP3 바로듣기   ▲ 강의 바로보기

오늘 배운 내용을 바탕으로 연습문제를 풀어 보세요.

1 Mark your answer.   (A) (B) (C)

2 Mark your answer.   (A) (B) (C)

3 Mark your answer.   (A) (B) (C)

4 Mark your answer.   (A) (B) (C)

5 Mark your answer.   (A) (B) (C)

6 Mark your answer.   (A) (B) (C)

7 Mark your answer.   (A) (B) (C)

8 Mark your answer.   (A) (B) (C)

9 Mark your answer.   (A) (B) (C)

10 Mark your answer.   (A) (B) (C)

memo

Today's VOCA

▲ MP3 바로듣기

01 order ★★★★★
오어ㄹ더ㄹ [ɔ́ːrdər]
图 주문하다 图 주문, 순서, 지시, 명령

order office supplies from
~로부터 사무용품을 주문하다

02 within ★★★★★
위딘 [wiðín]
图 (시간, 기한, 공간) 이내에

prove to be defective **within** the warranty period
품질보증 기한 이내에 결함이 있음이 증명되다

03 therefore ★★★★
데어ㄹ쁘어ㄹ [ðɛ́ərfɔːr]
图 그래서, 그러므로

have more functions, **therefore** increasing the cost
더 많은 기능이 있어서 비용을 상승시키다

04 return ★★★
뤼터ㄹ언 [ritə́ːrn]
图 반환하다, 반품하다, 돌아오다 图 반환, 수익

return A to B
A를 B에 반환하다

05 place ★★★
플레이쓰 [pleis]
图 놓다, 배치하다 图 장소, 곳

be **placed** on every corner
구석구석에 놓여지다

06 ensure ★★★
인슈어ㄹ [inʃúər]
图 보장하다

in an effort to **ensure** accuracy
정확성을 보장하기 위해

07 provided ★★★
프뤄봐이디(드) [prəváidid]
图 ~라면

provided (that) you have the original receipt
영수증 원본을 가지고 있다면

08 delay ★★★
딜레이 [diléi]
图 지연시키다, 연기하다 图 지체, 연기

if your order is significantly **delayed**
주문이 심하게 지연되고 있다면

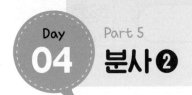

Part 5

Day 04 분사 ❷

▲ 강의 바로보기

📖 감정동사의 분사형

감정동사는 말 그대로 감정을 나타내는 동사이며, '사람에게 감정을 느끼게 만들다'라는 뜻을 가지고 있습니다. 따라서, 감정동사의 현재분사는 '감정을 유발하는'이라는 능동의 의미를, 그리고 과거분사는 '감정을 느끼게 되는'이라는 수동의 의미를 나타냅니다.

■ 감정동사의 현재분사

감정동사의 현재분사는 감정을 일으키는 사물명사를 수식하거나 보충 설명합니다.

········ 관중들에게 실망이라는 감정을 일으킨 원인

After a **disappointing** game, the audience left the stadium in silence.
실망스러운 경기 후에, 관중들은 조용하게 경기장을 떠났다.

■ 감정동사의 과거분사

감정동사의 과거분사는 주로 감정을 느끼는 사람명사 또는 대명사를 수식하거나 보충 설명합니다.

Kevin was **surprised** when he was announced as a winner.
케빈은 자신이 수상자로 발표되었을 때 놀랐다.

Our client will be **satisfied** with the design of the product.
우리 고객은 제품의 디자인에 만족할 것이다.

3초 퀴즈

I met some people ------- in my business at the convention.

(A) interested
(B) interesting

■ 자주 출제되는 감정동사의 분사형

감정동사	현재분사	과거분사
confuse 혼란스럽게 하다	confusing 혼란스럽게 하는	confused 혼란을 느낀
disappoint 실망시키다	disappointing 실망시키는	disappointed 실망한
excite 흥분시키다	exciting 흥분시키는	excited 흥분한
satisfy 만족시키다	satisfying 만족스러운	satisfied 만족을 느낀
surprise 놀라게 하다	surprising 놀라게 하는	surprised 놀란
please 기쁘게 하다	pleasing 기쁘게 하는	pleased 기쁜

 현재분사와 과거분사 쉽게 구분하기

제시된 문제가 감정동사의 분사형 문제이고, 선택지에 현재분사와 과거분사가 둘 다 있는 경우가 있습니다. 이때는 분사가 수식하거나 보충 설명하는 대상이 사물이면 현재분사(ing)를, 사람이면 과거분사(p.p.)를 고르면 됩니다.

To celebrate his retirement, Mark is planning to take an [exciting / excited] trip around Europe.
은퇴를 기념하기 위해, 마크 씨는 유럽 주위로 흥미진진한 여행을 가는 것을 계획하고 있다.

I'm [pleasing / pleased] to inform you that our service is now available.
이제 저희 서비스를 이용하실 수 있음을 알려드리게 되어 기쁩니다.

오늘 배운 내용을 바탕으로 연습문제를 풀어 보세요.

1 Remax Corporation's profits for this year are -------.

(A) disappointing   (B) disappointed
(C) disappoint   (D) disappoints

memo

2 The results of the customer satisfaction survey show that customers are ------- with our services.

(A) satisfy   (B) satisfied
(C) satisfying   (D) satisfies

3 Mr. Fisher will be leaving the firm to pursue an ------- career as a mountain guide.

(A) excite   (B) exciting
(C) excited   (D) excitedly

4 We are extremely ------- with the result of our fundraising activities.

(A) please   (B) pleasing
(C) pleased   (D) pleasure

5 The film festival will include a ------- documentary about global warming.

(A) fascinating   (B) fascination
(C) fascinates   (D) fascinated

Today's VOCA

01 delivery ★★★

딜리붜뤼 [dilívəri]

명 배송

allow three days for **delivery**
배송에 3일의 여유를 주다

파 **deliver** 동 배송하다, 전달하다

02 approximately ★★★

어프롸서멋(틀)리 [əpráksəmətli]

부 약, 대략

It takes **approximately** 10 days to arrive.
도착하는 데 약 10일 정도 걸린다.

03 deliver ★★★

딜리붜ㄹ [dilívər]

동 배송하다, 운송하다

deliver a parcel on time
소포를 제 시간에 배송하다

04 enclose ★★

인클로우(즈) [inklóuz]

동 동봉하다

enclose an invoice with the product
상품과 함께 운송장을 동봉하다

파 **enclosure** 명 둘러쌈, 동봉된 것

05 expanded ★★

익스팬(딧) [ikspǽndid]

형 확대된, 확장된

an **expanded** list of healthcare services
확대된 의료서비스 목록

파 **expansion** 명 확대, 확장

06 further ★★

풔ㄹ더ㄹ [fə́:rðər]

부 더 형 더 많은 동 촉진하다, 발전시키다

expand its business **further** by -ing
~함으로써 사업을 더 확장하다

07 regardless ★★

뤼가ㄹ들리스 [rigá:rdlis]

부 상관하지 않고

Shipping is free, **regardless** of the customer's address.
고객의 거주지와 상관없이 배송은 무료이다.

08 express ★★

익스프뤠스 [iksprés]

동 표현하다, 표출하다 형 명확한, 속달의

express one's interest in publishing the story
그 이야기를 출간하는 것에 관심을 표현하다

VOCA

● 단어와 그에 알맞은 뜻을 연결해 보세요.

1   superior   •   •   **(A)**   확대된, 확장된

2   delay   •   •   **(B)**   보다 우수한, 상급의

3   expanded   •   •   **(C)**   연기하다, 지연시키다

● 다음 빈칸에 알맞은 단어를 선택하세요.

4   ------- (that) you have the original receipt
영수증 원본을 가지고 있다면

5   ------- demand for sportswear
증가하는 스포츠 의류의 수요

(A) provided
(B) rising
(C) express

6   ------- one's interest in publishing the story
그 이야기를 출간하는 것에 관심을 표하다

● 실전 문제에 도전해 보세요.

7   The primary ------- of the workshop is to examine the latest trends in fashion.

(A) order   (B) basis
(C) value   (D) purpose

8   Hallworth Shipping takes precautions to ------- that all items arrive in good condition.

(A) rely   (B) expand
(C) ensure   (D) further

한 주 동안 학습한 내용을 적용하여 기출변형 문제들을 풀어 보세요.

▲ MP3 바로듣기   ▲ 강의 바로보기

1　Mark your answer.　　　(A)　(B)　(C)

2　Mark your answer.　　　(A)　(B)　(C)

3　Mark your answer.　　　(A)　(B)　(C)

4　Mark your answer.　　　(A)　(B)　(C)

5　Mark your answer.　　　(A)　(B)　(C)

6　Mark your answer.　　　(A)　(B)　(C)

7　Mark your answer.　　　(A)　(B)　(C)

8　Mark your answer.　　　(A)　(B)　(C)

9　Mark your answer.　　　(A)　(B)　(C)

10　Mark your answer.　　　(A)　(B)　(C)

DAY 05

Weekly Test

한 주 동안 학습한 내용을 적용하여 기출변형 문제들을 풀어 보세요.

▲ 강의 바로보기

1   The following products are only discounted at our stores for a ------- time.

   (A) limiting
   (B) limited
   (C) limit
   (D) limits

2   The CEO asked his secretary to create an agenda ------- topics to be discussed at the board meeting.

   (A) outlined
   (B) outlines
   (C) outline
   (D) outlining

3   Residents living near the construction site have complained about the ------- noise early in the morning.

   (A) overwhelmingly
   (B) overwhelming
   (C) overwhelmed
   (D) overwhelm

4   In all parts of the airplane, including the lavatories, smoking is strictly -------.

   (A) prohibit
   (B) prohibited
   (C) prohibiting
   (D) prohibition

5   No materials from this Web site can be used without ------- permission from the administrator.

   (A) write
   (B) writing
   (C) written
   (D) writes

6 To keep our employees -------, we decided to introduce the performance-based payment system.

(A) inspire
(B) inspiring
(C) inspired
(D) inspires

7 Everyone was ------- with Colin's clever ideas for the upcoming promotional event.

(A) impressive
(B) impression
(C) impressed
(D) impressing

8 The new company policy says that smoking is only allowed in a ------- area in the building.

(A) designate
(B) designated
(C) designation
(D) designating

9 Ms. Carr was ------- when an e-mail arrived complaining about the software bugs.

(A) surprise
(B) surprises
(C) surprising
(D) surprised

10 Please register for our brochure ------- all of the available carpets on our Web site.

(A) describe
(B) described
(C) describing
(D) describes

Week **08**

정답 및 해설

Day 01 How 의문문_어떻게

Quiz

1. How do I become a member?
(A) Fifty dollars a month. [X]
(B) You need to fill out this form. [O]
(C) Yes, you can. [X]

어떻게 회원이 되나요?
(A) 한 달에 50달러요.
(B) 이 양식을 작성하셔야 합니다.
(C) 네, 하실 수 있습니다.

해설 (A) 비용 표현으로서 How much 의문문에 어울리는 답변이 므로 오답.
(B) How에 어울리는 회원 가입 방법으로서 양식을 작성하는 일을 언급하고 있으므로 정답.
(C) 의문사 의문문에 어울리지 않는 Yes로 답변하고 있으므로 오답.

어휘 **become** ~이 되다 **member** 회원 **fill out** ~을 작성하다 **form** 양식, 서식

2. How was the training session last week?
(A) Yes, I was. [X]
(B) It was quite informative. [O]
(C) No, I led the session last week. [X]

지난 주 교육 세션은 어땠어요?
(A) 네, 제가 그랬어요.
(B) 꽤 유익했어요.
(C) 아니요, 제가 지난 주에 그 세션을 진행했어요.

해설 (A) 의문사 의문문에 어울리지 않는 Yes로 답변하고 있으므로 오답. 의문사 의문문에 Yes나 No로 시작되는 답변은 바로 오답 소거해야 한다.
(B) How에 어울리는 형용사로 답변하고 있으므로 정답.
(C) 의문사 의문문에 어울리지 않는 No로 답변하고 있으므로 오답.

어휘 **session** (특정 활동을 위한) 세션, 시간 **informative** 유익한 **lead** ~을 이끌다, 지휘하다, 인솔하다 cf. 과거형은 led

Practice

1. (B)	2. (C)	3. (A)	4. (B)	5. (B)
6. (B)	7. (A)	8. (C)	9. (C)	10. (C)

1. How do you come to work every morning?
(A) Another work assignment.
(B) I use the subway.
(C) I went there, too.

매일 아침에 어떻게 출근하시나요?
(A) 또 다른 할당 업무요.
(B) 지하철을 이용합니다.
(C) 저도 그곳에 갔어요.

정답 (B)
해설 교통 수단을 나타내는 답변으로 출근 방법을 묻는 How 의문 문에 어울리므로 정답.
어휘 **come to work** 출근하다, 회사에 오다 **another** 또 다른 하나의 **work assignment** 할당된 일, 배정된 일

2. How was the film festival this year?
(A) The film starts at 7:30.
(B) I like that movie.
(C) It was full of people.

올해 영화제는 어땠나요?
(A) 영화는 7시 30분에 시작해요.
(B) 저는 그 영화를 좋아해요.
(C) 사람들로 가득했어요.

정답 (C)
해설 영화제에 사람이 가득했다는 내용으로 올해 영화제가 어땠는 지 묻는 질문에 답변하는 정답.
어휘 **film festival** 영화제 **full of** ~로 가득 찬

3. How do I get to the Community Center from here?
(A) Turn right at the Central Bank.
(B) Once a week.
(C) Next to the concert hall.

여기서 지역 문화회관에 어떻게 가야 하나요?
(A) 중앙 은행에서 오른쪽으로 꺾으세요.
(B) 일주일에 한 번씩이요.
(C) 콘서트 홀 옆이요.

정답 (A)
해설 지명과 방향을 언급하여 길안내에 해당하므로 길을 묻는 질문 에 어울리는 정답.
어휘 **get to** ~에 도착하다 **Community Center** 지역 문화회관 **turn right** 오른쪽으로 꺾다 **once** 한 번, 1회 **next to** ~의 옆에

4. How did you hurt your foot?
(A) I was sick yesterday.

(B) By missing my step.

(C) Another hospital.

어쩌다 발을 다치셨나요?

(A) 저 어제 아팠어요.

(B) 발을 헛디뎌서요.

(C) 또 다른 병원이요.

정답 (B)

해설 발을 다치게 된 원인을 말하는 답변으로 질문의 내용과 어울리므로 정답.

어휘 hurt one's foot 발을 다치다 miss one's step 발을 헛디디다 another 또 다른

5. How do these new designs look?

(A) One of our most popular designs.

(B) They look good.

(C) I'll look at our Web site.

새 디자인들 어때 보여요?

(A) 우리의 가장 인기 있는 디자인 중 하나요.

(B) 좋아 보여요.

(C) 우리 웹 사이트를 볼게요.

정답 (B)

해설 new designs를 They로 지칭해 새 디자인에 대한 의견을 말하는 답변이므로 정답.

어휘 look ~인 것 같다 popular 인기 있는 look at ~를 보다

6. How do I sign up for the office workshop?

(A) The work will be finished by next week.

(B) By replying to Jane's e-mail.

(C) In the main hall.

회사 워크샵에 어떻게 등록하나요?

(A) 그 일은 다음 주에 끝날 것입니다.

(B) 제인 씨의 이메일에 답신을 보내는 것으로요.

(C) 대강당에서요.

정답 (B)

해설 방법을 나타내는 전치사구를 활용하여 회사 워크샵에 등록하는 방법을 제시하고 있으므로 정답.

어휘 sign up for ~에 등록하다, 신청하다 finish 끝내다 by -ing: ~함으로써 reply to ~에 답신을 보내다

7. How do you want to display this poster?

(A) Let's put it up on the wall.

(B) I think that looks good.

(C) A screen and a projector.

이 포스터를 어떻게 전시하고 싶으신가요?

(A) 벽에 붙입시다.

(B) 그게 좋아 보이는 것 같아요.

(C) 스크린과 프로젝터요.

정답 (A)

해설 벽에 붙이자는 말로 포스터 전시 방식에 대한 자신의 의견을 말하고 있으므로 정답.

어휘 display 전시하다, 진열하다 put A up: A를 붙이다 look + 형용사: ~하게 보이다, ~한 것 같다

8. How can I become a member of the bookstore?

(A) I can't remember his name.

(B) Three new books.

(C) I joined on their Web site.

어떻게 서점의 회원이 될 수 있나요?

(A) 그의 이름이 기억나지 않아요.

(B) 세 권의 새 책이요.

(C) 전 웹 사이트에서 가입했어요.

정답 (C)

해설 서점에 가입했던 방법을 언급하며 서점의 회원이 되는 방법을 묻는 질문에 답하고 있으므로 정답.

어휘 become ~이 되다 member 회원 bookstore 서점 remember ~을 기억하다, 기억나다 join 가입하다

9. How was my presentation this morning?

(A) Please put the presents here.

(B) It's cold this morning.

(C) I think it was very excellent.

오늘 오전에 저의 발표는 어땠나요?

(A) 선물들을 여기에 놔둬주세요.

(B) 오늘 아침은 춥네요.

(C) 정말 훌륭했다고 생각해요.

정답 (C)

해설 I think를 활용하여 상대방의 발표에 대한 자신의 의견을 말하는 답변이므로 정답.

어휘 presentation 발표 put ~을 두다 present 선물 excellent 훌륭한

10. How did our director like the report?

(A) No, I don't like it.

(B) Eight or nine pages.

(C) She spoke to John about it.

이사님이 보고서를 어떻게 보셨나요?

(A) 아니요, 저는 그걸 좋아하지 않아요.

(B) 8 또는 9페이지요.

(C) 그녀가 존에게 그것에 대해 말씀하셨대요.

정답 (C)

해설 보고서에 관해 다른 사람에게 말했다는 내용으로 이사(director)의 의견을 언급하지 않았지만 정보를 가진 인물을 알려주며 답변하는 정답.

어휘 director 임원, 이사 report 보고서 speak to ~에게 말하다

Day 02 분사 ❶

Practice

1. (B)	2. (A)	3. (C)	4. (C)	5. (A)

1.

정답 (B)

해석 여러분은 온라인에서 할인된 가격으로 티켓을 미리 구매할 수 있습니다.

해설 빈칸 앞에는 관사가, 빈칸 뒤에는 명사가 있으므로 빈칸에는 명사를 수식할 형용사가 필요한 자리이다. 선택지에 형용사가 없으므로 형용사 역할을 하는 분사를 골라야 하는데, 가격은 사람에 의해 할인되는 대상이므로 수동의 의미를 나타내는 과거분사 (B) reduced가 정답이다.

어휘 purchase ~을 구매하다 in advance 미리 price 가격 online 온라인에서 reduce ~을 감소시키다 reduced 할인된 reduction 할인

2.

정답 (A)

해석 오르는 휘발유 가격에도 불구하고, 더 많은 사람들이 자가용으로 출근하고 있다.

해설 빈칸 앞에 전치사가, 빈칸 뒤에 명사가 있으므로 빈칸은 명사를 수식할 형용사가 들어갈 자리이다. 선택지에 형용사가 없으므로 형용사 역할을 하는 분사를 골라야 하는데, 시장의 가격들은 수요와 공급에 따라 자동으로 오르내리므로 능동을 나타내는 현재분사 (A) rising이 정답이다.

어휘 despite ~에도 불구하고 gas 휘발유 drive to ~로 운전하여 가다 work 직장 rising 증가하는 rise 증가하다

3.

정답 (C)

해석 헤어드라이어에 대해 환불을 받고 싶으시면, 첨부된 안내사항들을 신중하게 따르시기 바랍니다.

해설 빈칸 앞에 정관사가, 빈칸 뒤에 명사가 있으므로 빈칸은 명사를 수식하는 형용사 자리이다. 선택지에 형용사가 없으므로 형용사 역할을 하는 분사를 골라야 하는데, 안내사항은 사람에 의해 추가되는 것이므로 수동을 나타내는 과거분사 (C) attached가 정답이다.

어휘 carefully 신중히 follow ~을 따르다 instructions 안내사항 refund 환불 attach ~을 첨부하다 attached 첨부된

4.

정답 (C)

해석 개정된 제품 카탈로그는 모든 종류의 해리즈 하드웨어 상품을 포함하고 있습니다.

해설 빈칸 앞에는 정관사가, 빈칸 뒤에는 명사가 있으므로 빈칸은 명사를 수식할 수 있는 형용사 자리이다. 선택지에 형용사가 없으므로 분사를 골라야 하는데, 제품 카탈로그는 사람에 의해 개정되는 대상이므로, 수동을 나타내는 과거분사 (C) revised가 정답이다.

어휘 product catalog 제품 카탈로그 contain ~을 포함하다 the full range of 모든 종류의 merchandise 상품 revision 개정 revise ~을 개정하다 revised 개정된

5.

정답 (A)

해석 브라우닝 씨의 멀티비타민은 건강상의 이익을 설명한 책자와 함께 배송되었다.

해설 빈칸 앞에 명사가 있고 선택지가 타동사 describe의 여러 형태로 제시되어 있으므로 빈칸 뒤의 명사구를 목적어로 취해야 한다. 또한, 책자가 멀티비타민의 건강상의 이익을 설명하는 주체이므로 능동의 의미를 나타내는 현재분사 (A) describing이 정답이다.

어휘 multivitamin 멀티비타민 deliver ~을 배송하다 along with ~와 함께 leaflet 책자 health 건강 benefit 이익 describe ~을 설명하다

Day 03 How 의문문_얼마나

Quiz

1. How long is the flight to Los Angeles?
   (A) About two hours. [O]
   (B) Because of a delay. [X]
   (C) The flight leaves tomorrow. [X]

   로스앤젤레스로 가는 항공편이 얼마나 오래 걸리나요?

(A) 약 2시간이요.
(B) 지연 문제 때문입니다.
(C) 그 항공편은 내일 출발합니다.

해설 (A) How long에 어울리는 대략적인 지속 시간을 말하는 답변이므로 정답.
(B) 이유를 말하는 답변으로 Why 의문문에 어울리는 반응이므로 오답.
(C) 출발 시점을 말하는 답변으로 When 의문문에 어울리는 반응이므로 오답.

어휘 flight 비행, 항공편 about 약, 대략 because of ~ 때문에 delay 지연, 지체 leave 출발하다, 떠나다

2. How often does the tennis club meet?
(A) Once a week. [O]
(B) Every two months. [O]
(C) At the sports center. [X]

테니스 클럽은 얼마나 자주 모이나요?
(A) 일주일에 한 번이요.
(B) 2개월마다요.
(C) 스포츠 센터에서요.

해설 (A) How often에 어울리는 빈도를 말하는 답변이므로 정답.
(B) How often에 어울리는 주기를 말하는 답변이므로 정답.
(C) 장소를 나타내는 답변으로 Where 의문문에 어울리는 반응이므로 오답.

어휘 meet 만나다, 모이다 once 1회 cf. twice 2회 every + 숫자 + 복수명사: ~마다, ~간격으로

Practice

1. (B)	2. (B)	3. (B)	4. (A)	5. (A)
6. (B)	7. (C)	8. (B)	9. (A)	10. (C)

1. How long does it take to get to the Grand Hotel?
(A) The room number is 507.
(B) Usually 30 minutes.
(C) Yes, she does.

그랜드 호텔로 가는 데 얼마나 오래 걸리나요?
(A) 방 번호는 507입니다.
(B) 보통 30분이요.
(C) 네, 그녀는 그렇습니다.

정답 (B)
해설 소요 시간을 언급하여 How long에 어울리는 답변이므로 정답.
어휘 How long ~? 얼마나 오래 ~인가요? take (시간이) 걸리다

get to ~로 가다, ~에 도착하다 usually 보통, 일반적으로

2. How much does it cost to buy the ticket?
(A) You can purchase it online.
(B) 20 dollars a person.
(C) At 5 p.m.

그 티켓을 구입하는 데 비용이 얼마나 드나요?
(A) 온라인으로 구입하실 수 있어요.
(B) 1인당 20달러입니다.
(C) 오후 5시에요.

정답 (B)
해설 How much에 어울리는 1인당 가격 정보를 알리는 답변이므로 정답.
어휘 How much ~? 얼마나 많이 ~인가요? cost (비용이) 들다 purchase ~을 구입하다 online 온라인으로, 온라인에서

3. How far are we from the train station?
(A) At the next bus stop.
(B) About a mile, I think.
(C) Yes, at the nearest train station.

우리는 기차역에서 얼마나 떨어져 있나요?
(A) 다음 버스 정류장에서요.
(B) 제 생각에는 1마일 정도요.
(C) 네, 가장 가까운 기차역에서요.

정답 (B)
해설 문장 끝에 I think를 붙여 자신이 생각하는 대략적인 거리를 언급하므로 정답.
어휘 How far ~? 얼마나 멀리 ~인가요? station 역 stop 정류장, 정거장 mile 마일 near 가까운 I think (문장 끝에 덧붙여) ~라고 생각해요

4. How long will it take to get to Boston?
(A) Seven hours by train.
(B) You can take that.
(C) 30 pages long.

보스턴으로 가는 데 얼마나 걸릴까요?
(A) 기차로 7시간이요.
(B) 그걸 가져가셔도 돼요.
(C) 30페이지 분량이요.

정답 (A)
해설 특정 교통수단을 이용했을 때 걸리는 시간을 언급하여 How long에 어울리므로 정답.
어휘 take (시간이) 걸리다, 가지고 가다 get to ~에 도착하다 long 길이가 ~인, ~분량의

5. How often do you visit your parents?

(A) **At least once a month.**

(B) Her brother works here.

(C) I often visit that store.

얼마나 자주 부모님을 방문하시나요?

(A) **적어도 한 달에 한 번이요.**

(B) 그녀의 남동생이 여기서 일해요.

(C) 그 상점에 자주 방문해요.

정답 (A)

해설 빈도를 말하는 답변으로 부모님을 얼마나 자주 방문하는지 묻는 질문에 어울리므로 정답.

어휘 How often ~? 얼마나 자주 ~인가요? visit (사람, 장소 등을) 방문하다 at least 적어도, 최소 once 한 번, 1회 store 상점

6. How long will it take to drive to the City Hall?

(A) I don't know how to drive.

(B) **About 20 minutes.**

(C) I'll take care of it tomorrow.

시청까지 운전해서 가려면 얼마나 걸릴까요?

(A) 저는 운전하는 방법을 몰라요.

(B) **약 20분이요.**

(C) 내일 제가 처리하겠습니다.

정답 (B)

해설 대략적인 시간을 말하는 답변으로 시청까지의 소요 시간을 묻는 질문에 어울리므로 정답.

어휘 drive 운전하다 how to ~하는 방법 about 약 take care of ~을 처리하다

7. How often does that bus come?

(A) Traffic was terrible.

(B) Two tickets, please.

(C) **Every ten minutes.**

저 버스는 얼마나 자주 오나요?

(A) 차가 너무 막혔어요.

(B) 버스 승차권 2장 주세요.

(C) **10분마다요.**

정답 (C)

해설 빈도를 언급하는 답변으로 How often 의문문에 어울리므로 정답.

어휘 traffic 교통(량) terrible 심한 every + 숫자 + 복수명사: ~마다, ~간격으로

8. How much do you pay for your rent?

(A) You can pay by credit card.

(B) **About 700 dollars a month.**

(C) By the end of this month.

집세로 얼마를 내시나요?

(A) 신용카드로 납부하실 수 있습니다.

(B) **한 달에 약 700 달러요.**

(C) 이 달 말까지요.

정답 (B)

해설 전치사 About과 함께 납부하는 대략적인 금액을 언급하여 How much 의문에 어울리므로 정답.

어휘 pay 납부하다, 지불하다 rent 집세 credit card 신용 카드

9. How soon can you finish the marketing report?

(A) **I'll be done before lunch.**

(B) He was a reporter.

(C) The taxi will arrive soon.

마케팅 보고서를 얼마나 빨리 끝내실 수 있나요?

(A) **점심 전에 완료하겠습니다.**

(B) 그는 기자였어요.

(C) 택시가 곧 도착할 거예요.

정답 (A)

해설 시점 표현과 함께 finish를 be done으로 표현하여 보고서를 끝낼 시점을 말하는 답변이므로 정답.

어휘 How soon ~? 얼마나 빨리 ~인가요? finish 끝내다 report 보고서 be done 완료되다 before ~전에 lunch 점심 (시간) reporter 기자 arrive 도착하다

10. How much are the concert tickets?

(A) At the concert hall.

(B) The band was great.

(C) **They are 35 dollars each.**

콘서트 입장권은 얼마인가요?

(A) 콘서트 홀에서요.

(B) 밴드가 훌륭했어요.

(C) **한 장에 35달러입니다.**

정답 (C)

해설 가격을 말하는 답변으로 콘서트 입장권의 가격을 묻는 질문에 어울리므로 정답.

어휘 great 좋은, 훌륭한, 대단한 each 각각

Day 04 분사 ❷

3초 퀴즈

정답 (A)

해석 나는 총회에서 내 사업에 관심이 있는 몇몇 사람들을 만났다.

해설 선택지에 감정동사의 현재분사와 과거분사가 있고, 분사가 수식하는 빈칸 앞에 사람명사가 있으므로 감정을 느끼는 사람명사를 수식하는 과거분사 (A) interested가 정답이다.

어휘 meet ~을 만나다 business 사업 convention 총회 interested 관심이 있는 interesting 관심을 끄는

Practice

1. (A)	2. (B)	3. (B)	4. (C)	5. (A)

1.

정답 (A)

해석 리맥스 사의 올해 수익은 실망스럽다.

해설 빈칸은 be동사 뒤에 위치한 주격보어 자리이고, 이 보어가 설명하고 있는 명사는 주어인 수익이다. 수익은 감정을 유발하는 주체이므로 현재분사인 (A) disappointing이 정답이다.

어휘 corporation 기업 profit 수익 disappointing 실망시키는 disappointed 실망한 disappoint ~을 실망시키다

2.

정답 (B)

해석 고객 만족도 설문조사의 결과는 고객들이 우리 서비스에 만족하고 있음을 보여주고 있다.

해설 be동사 뒤 주격보어 자리에 빈칸이 있으므로 현재분사와 과거분사 중에서 하나를 골라야 한다. 그런데 that절의 주어인 고객이 만족을 느끼는 대상이므로 과거분사 (B) satisfied가 정답이다.

어휘 result 결과 satisfaction 만족(도) survey 설문조사 show that ~임을 보여주다 satisfy ~을 만족시키다 satisfied 만족한 satisfying 만족시키는

3.

정답 (B)

해석 피셔 씨는 등산 안내원이라는 흥미로운 직업을 추구하기 위해 회사를 떠날 것이다.

해설 부정관사와 명사 사이에 위치한 빈칸은 명사를 수식할 수 있는 단어가 들어가야 하므로 현재분사와 과거분사 중에서 하나를 골라야 한다. 경력은 흥미라는 감정을 유발하는 주체이므로 현재분사 형태인 (B) exciting이 정답이다.

어휘 leave ~을 떠나다 firm 회사 pursue ~을 추구하다 career 경력 excite ~을 흥미롭게 만들다 exciting 흥미롭게 하는 excited (사람이) 흥미를 느낀 excitedly 흥분하여

4.

정답 (C)

해석 저희는 모금 활동의 결과에 매우 만족하고 있습니다.

해설 빈칸이 be동사 뒤에 위치해 있으므로 주격보어 역할을 할 수 있는 단어가 필요하다. 따라서 현재분사와 과거분사, 명사 중에서 하나를 골라야 하는데, '우리'는 결과에 의해 기쁨을 느끼는 대상이므로 과거분사 (C) pleased가 정답이다. 명사의 경우 「우리 = 기쁨」이라는 동격 관계가 성립하지 않으므로 오답이다.

어휘 extremely 매우 result 결과 fundraising 모금 activity 활동 please ~을 기쁘게 하다 pleasing 기분 좋은 pleased 기쁜 pleasure 기쁨

5.

정답 (A)

해석 그 영화 축제는 지구 온난화에 대한 매력적인 다큐멘터리를 포함할 것이다.

해설 빈칸이 관사와 명사 사이에 위치해 있으므로 빈칸에는 명사를 수식할 수 있는 단어가 와야 한다. 따라서 현재분사와 과거분사 중에서 하나를 골라야 하는데, 다큐멘터리는 감정을 유발하는 주체이므로 (A) fascinating이 정답이다.

어휘 film 영화 festival 축제 include ~을 포함하다 documentary 다큐멘터리 global warming 지구 온난화 fascinating 매력적인 fascination 매력 fascinate 마음을 사로잡다 fascinated 마음을 다 빼앗긴

Day 05 Weekly Test

VOCA

1. (B)	2. (C)	3. (A)	4. (A)	5. (B)
6. (C)	7. (D)	8. (C)		

7.

해석 그 워크숍의 주된 목표는 패션에 대한 최신 경향을 조사하는 것이다.

해설 빈칸 뒤에 제시되어 있는 최신 경향을 조사하는 것은 워크숍을 가는 이유라고 볼 수 있으므로 '목표, 목적'이라는 뜻의 (D) purpose가 정답이다.

어휘 **primary** 주된 **examine** ~을 조사하다, 검토하다 **latest** 최신의 **trend** 경향, 트렌드 **order** 주문, 명령 **basis** 기초, 근본 **value** 가치 **purpose** 목표, 목적

8.
해석 홀워스 배송은 모든 상품들이 무사히 도착하는 것을 확실히 하기 위해 조심하고 있습니다.

해설 빈칸 뒤에 상품이 무사히 도착한다는 내용이고, 빈칸 앞에는 업체가 조심하고 있다는 내용이 제시되어 있다. 따라서 '상품이 무사히 도착하는 것을 확실히 하기 위해 조심하다'라고 해석하는 것이 자연스러우므로 '~을 확실하게 하다'라는 뜻의 (C) ensure이 정답이다.

어휘 **shipping** 배송 **take precautions** 조심하다, 경계하다 **item** 상품 **arrive** 도착하다 **in good condition** 무사히, 좋은 상태로 **rely** 의존하다 **expand** ~을 확장하다 **ensure** ~을 확실하게 하다 **further** ~을 촉진하다

LC

1. (B)	2. (A)	3. (C)	4. (A)	5. (C)
6. (B)	7. (B)	8. (C)	9. (B)	10. (B)

1. How was your business trip to Asia?
(A) In a few days.
(B) It was very successful.
(C) It was a direct flight.

아시아 지역으로의 출장은 어떠셨나요?
(A) 며칠 후에요.
(B) 매우 성공적이었습니다.
(C) 직항편이었어요.

정답 (B)
해설 (A) 미래의 특정 시점을 나타내는 표현으로서 When 의문문에 어울리는 답변이므로 오답.
(B) business trip을 It로 지칭해 성공적이었다는 말로 출장의 성과를 알리는 답변이므로 정답.
(C) 항공편이 직항이었다는 답변으로 교통 수단을 묻는 How 의문문에 어울리는 반응이므로 오답.

어휘 **How was ~?** ~는 어땠나요? **business trip** 출장 **in + 시간/기간:** ~ 후에 **successful** 성공적인 **direct flight** 직항편

2. How often do you have a meeting?
(A) At least three times a week.
(B) A presentation about the new item.
(C) We already discussed it.

얼마나 자주 회의를 하시나요?

(A) 최소한 일주일에 세 번이요.
(B) 신제품에 관한 발표요.
(C) 저희는 이미 그것에 대해 논의했어요.

정답 (A)
해설 (A) 최소 일주일에 세 번이라는 빈도를 언급하여 How often 의문문에 어울리는 답변이므로 정답.
(B) meeting과 관련 있게 들리는 presentation을 언급하였지만 질문과 관련 없는 내용이므로 오답.
(C) meeting과 관련 있게 들리는 discussed를 언급하였지만 질문과 관련 없는 내용이므로 오답.

어휘 **How often ~?** 얼마나 자주 ~인가요? **have a meeting** 회의하다 **at least** 최소한, 적어도 **presentation** 발표(회) **item** 제품, 물품, 품목, 항목 **discuss** ~을 논의하다, 이야기하다

3. How long will the opening ceremony be?
(A) This building opens at 8 in the morning.
(B) Congratulations on your promotion!
(C) Just a few hours.

개장식이 얼마나 오래 걸릴까요?
(A) 이 건물은 오전 8시에 문을 엽니다.
(B) 승진을 축하드립니다!
(C) 몇 시간 정도요.

정답 (C)
해설 (A) opening과 유사하게 들리는 opens를 언급하였으나 질문 내용과 관련 없으므로 오답.
(B) 승진을 축하하는 말로 개장식 소요 시간을 묻는 질문과 관련 없으므로 오답.
(C) 지속 시간을 말하는 답변으로 개장식 소요 시간을 묻는 질문에 어울리므로 정답.

어휘 **opening ceremony** 개장식 **open** (문을) 열다 **Congratulations** 축하합니다 **promotion** 승진 **just** 단지, 그저

4. How do I get a refund?
(A) The original receipt is needed.
(B) I don't have a receipt.
(C) No thanks. I don't need anything now.

어떻게 환불을 받나요?
(A) 원본 영수증이 필요합니다.
(B) 저는 영수증이 없습니다.
(C) 아니요, 괜찮습니다. 지금은 아무것도 필요하지 않아요.

정답 (A)
해설 (A) 환불 받는 방법으로 원본 영수증이 필요하다는 것을 언급하고 있으므로 정답.

(B) refund와 관련 있게 들리는 receipt를 언급하였지만 질문 내용과 관련 없으므로 오답.

(C) Yes/No로 시작하는 답변은 How 의문문에 어울리지 않는 반응이므로 오답.

어휘 **get a refund** 환불 받다 **original** 원본의 **receipt** 영수증 **need** ~을 필요로 하다

5. How many handouts do you need for the workshop?

(A) Applying for a job.

(B) We don't need more workers.

(C) At least 50, I think.

워크숍에 얼마나 많은 유인물이 필요하신가요?

(A) 일자리에 지원하는 일이요.

(B) 우리는 추가 직원이 필요하지 않습니다.

(C) 제 생각에는 최소한 50부요.

정답 (C)

해설 (A) 질문에 포함된 workshop의 work와 관련 있게 들리는 apply와 job을 활용한 오답.

(B) 질문에 포함된 need 및 workshop의 work를 반복해 혼동을 유발하는 오답.

(C) 자신이 생각하는 최소한의 수량 표현으로 필요한 유인물 수량을 묻는 질문에 답하는 정답.

어휘 **How many ~?** 얼마나 많은 ~인가요? **handout** 유인물 **apply for** ~에 지원하다, ~을 신청하다 **at least** 최소한, 적어도 **I think** (문장 끝에 덧붙여) ~라고 생각해요

6. How often do I have to update the schedule table?

(A) Yes, an updated version.

(B) You need to do it once a week.

(C) A production schedule.

일정표를 얼마나 자주 업데이트해야 하나요?

(A) 네, 업데이트된 버전이요.

(B) 일주일에 한 번씩 하셔야 합니다.

(C) 제작 일정이요.

정답 (B)

해설 (A) 질문에 포함된 update를 언급했지만 일정표 갱신 주기와 관련 없는 내용이므로 오답.

(B) 빈도를 말하는 답변으로 How often 의문문에 어울리는 반응이므로 정답.

(C) 질문에 포함된 schedule을 언급했지만 질문과 관련 없는 내용이므로 오답.

어휘 **update** 업데이트하다, (최신 정보로) 갱신하다 **schedule** 일정 **table** 표 **version** 판, 버전 **once** 한 번, 1회

production 생산, 제작

7. How do I contact the mechanic?

(A) The computer technician.

(B) He left his business card.

(C) Thanks for calling.

그 정비사에게 어떻게 연락하나요?

(A) 컴퓨터 기술자요.

(B) 그분이 명함을 두고 가셨어요.

(C) 전화 주셔서 감사합니다.

정답 (B)

해설 (A) mechanic과 관련 있게 들리는 technician을 언급했지만 질문과 관련 없으므로 오답.

(B) 명함을 두고 갔다는 말로 정비사에게 연락할 방법을 묻는 질문에 답하는 정답.

(C) contact와 관련 있게 들리는 calling을 언급했지만 질문과 관련 없으므로 오답.

어휘 **contact** ~에게 연락하다 **mechanic** 정비사 **technician** 기술자 **leave** ~을 남기고 가다 cf. 동사변화는 leave-left-left **business card** 명함

8. How long is the warranty on this laptop?

(A) Several pages long.

(B) I'll meet with her tomorrow.

(C) A year, but you can extend it.

이 노트북 컴퓨터의 보증기간은 얼마나 되나요?

(A) 몇 페이지 분량이요.

(B) 내일 그녀를 만날 거예요.

(C) 일 년이요, 하지만 연장하실 수 있습니다.

정답 (C)

해설 (A) 질문에 포함된 long을 언급했지만, 노트북 컴퓨터의 보증기간과 관련 없는 내용이므로 오답.

(B) 예정된 일을 말하는 답변으로 질문 내용과 관련 없는 내용이므로 오답.

(C) 기간을 언급하여 보증기간에 대한 질문에 어울리는 답변이므로 정답.

어휘 **warranty** 품질 보증서, 품질 보증기간 **extend** ~을 연장하다

9. How do I get to the public library?

(A) Thanks. I really enjoyed this book.

(B) Sorry. I'm not from around here.

(C) On weekdays at 6 P.M.

공립 도서관에 어떻게 가나요?

(A) 고마워요. 이 책을 정말 재밌게 읽었어요.

(B) 죄송해요. 제가 이 근처에 살지 않아요.

(C) 평일 오후 6시예요.

정답 (B)

해설 (A) library와 관련 있게 들리는 book을 언급하였지만, 길안
　　　내와 관련 없는 내용이므로 오답.
　　(B) 근처에 살지 않아 원하는 정보를 제공할 수 없음을 사과하
　　　는 내용으로, 도서관으로 가는 방법을 묻는 질문에 모른다
　　　고 답하는 정답.
　　(C) 일자와 시간을 말하는 답변으로 When 의문문에 어울리
　　　는 답변이므로 오답.

어휘 public library 공립 도서관, 공공 도서관 enjoy ~을 즐기다
　　around 주위에 weekday 평일

10. How do you recommend getting to the museum?
　　(A) Yes, that's correct.
　　(B) I suggest you take the subway.
　　(C) It's an interesting exhibition.

　　박물관까지 어떻게 가는 게 좋을까요?
　　(A) 네, 그게 맞아요.
　　(B) 지하철을 타시는 것을 권해드려요.
　　(C) 흥미로운 전시회예요.

정답 (B)

해설 (A) Yes/No로 시작하는 답변은 How 의문문에 어울리지 않
　　　으므로 오답.
　　(B) 교통 수단을 말하는 답변으로 박물관으로 가는 방법을 묻
　　　는 How 의문문에 어울리는 반응이므로 정답.
　　(C) museum과 관련 있게 들리는 exhibition을 언급했지만
　　　질문과 관련 없는 내용이므로 오답.

어휘 recommend -ing: ~하는 것을 추천하다, 권하다 get to
　　~에 도착하다 suggest (that) 주어 + 동사: ~가 …하기를
　　권하다 interesting 흥미로운 exhibition 전시회

RC

1. (B)	2. (D)	3. (B)	4. (B)	5. (C)
6. (C)	7. (C)	8. (B)	9. (D)	10. (C)

1.

정답 (B)

해석 다음 제품들은 저희 매장에서만 한시적으로 할인됩니다.

해설 빈칸 뒤에 명사가 있으므로 빈칸은 명사를 수식할 분사 자리
　　이다. 시간은 사람에 의해 제한되는 대상이므로 과거분사 (B)
　　limited가 정답이다.

어휘 following 다음의 product 제품 discounted 할인된
　　limit v. 제한하다 n. 제한 limited 제한된

2.

정답 (D)

해석 대표이사는 비서에게 이사회에서 논의될 주제들의 개요가 담
　　긴 의사일정을 만들도록 요청했다.

해설 문장의 주어와 동사가 이미 있으므로 빈칸에는 빈칸 앞에 있
　　는 명사를 뒤에서 수식하면서 빈칸 뒤에 있는 목적어를 취할
　　수 있는 현재분사 (D) outlining이 정답이다.

어휘 ask ~을 요청하다 secretary 비서 create ~을 만들다
　　agenda 의사일정 discuss ~을 논의하다 board
　　meeting 이사회 outline ~의 개요를 나타내다

3.

정답 (B)

해석 공사 현장 근처에 사는 주민들은 아침 일찍 들리는 압도적인
　　소음에 대해 불평해오고 있다.

해설 문장의 주어와 동사가 있으므로 빈칸에는 빈칸 뒤의 명사를
　　수식할 수 있는 분사가 와야 한다. 소음은 감정을 일으키는 주
　　체이므로 현재분사 (B) overwhelming이 정답이다.

어휘 resident 거주민 construction 공사 site 장소
　　complain about ~에 대해 불평하다 noise 소음
　　overwhelmingly 압도적으로 overwhelming 압도적인
　　overwhelmed 압도된 overwhelm ~을 압도하다

4.

정답 (B)

해석 화장실을 포함한 비행기의 모든 부분에서, 흡연은 엄격하게
　　금지됩니다.

해설 빈칸이 be동사 뒤에 있으므로 빈칸에는 주격보어 역할을 할
　　명사나 형용사가 와야 한다. 명사가 올 경우, 주어와 동격이
　　되어야 하므로 오답이며, 흡연은 사람에 의해 금지되는 것이므
　　로 과거분사 (B) prohibited가 정답이다.

어휘 part 부분 airplane 비행기 including ~을 포함한
　　lavatory 화장실 smoking 흡연 strictly 엄격하게
　　prohibit ~을 금하다 prohibited 금지된 prohibition
　　금지

5.

정답 (C)

해석 본 웹사이트의 어떤 내용도 관리자의 서면 허가 없이 사용될
　　수 없습니다.

해설 빈칸 앞에 전치사가, 빈칸 뒤에 명사가 있으므로 빈칸은 명사
　　를 수식할 분사 자리이다. 허가는 사람에 의해 서면으로 쓰이는
　　대상이므로 과거분사 (C) written이 정답이다.

어휘 material 자료 without ~없이 permission 허가
　　administrator 관리자 write ~을 작성하다 writing 글
　　written 서면의

6.

정답 (C)

해석 직원들을 계속 격려하기 위해, 우리는 성과급 제도를 도입하기로 결정했다.

해설 빈칸 앞에 5형식 타동사 keep이 있으므로 빈칸은 목적격보어 자리이다. 따라서 현재분사와 과거분사가 빈칸에 올 수 있는데, 직원들이 격려되는 대상이므로 과거분사 (C) inspired가 정답이다.

어휘 keep ~의 상태로 유지하다 decide ~을 결정하다 introduce ~을 도입하다 performance-based payment 성과급의 inspire ~을 격려하다 inspiring 격려하는 inspired 격려 받는

7.

정답 (C)

해석 모든 사람들은 다음 홍보 행사를 위한 콜린 씨의 반짝이는 아이디어에 깊은 인상을 받았다.

해설 빈칸 앞에 be동사가 있으므로 빈칸은 주격보어 자리이다. 주어인 모든 사람들은 감정을 느끼는 대상이므로 과거분사 (C) impressed가 정답이다.

어휘 clever 반짝이는 upcoming 다음의 promotional 홍보의 event 행사 impressive 인상적인 impression 인상 impressed 깊은 인상을 받은

8.

정답 (B)

해석 새로운 회사 규정에 따르면, 흡연은 건물 내 지정된 장소에서만 허용됩니다.

해설 빈칸이 부정관사와 명사 사이에 있으므로 빈칸은 분사 자리이다. 흡연 장소는 사람에 의해 지정되므로 과거분사 (B) designated가 정답이다.

어휘 policy 정책 smoking 흡연 be only allowed in ~에서만 허용되다 area 장소 designate ~을 지정하다 designated 지정된 designation 지정

9.

정답 (D)

해석 카 씨는 소프트웨어 오류에 대해 불평하는 이메일이 도착했을 때 매우 놀랐다.

해설 빈칸 앞에 be동사가 있으므로 빈칸은 주격보어 자리이다. 주어인 카 씨가 놀라움을 느끼는 주체이므로 과거분사 (D) surprised가 정답이다.

어휘 arrive 도착하다 complain about ~에 대해 불평하다 surprise v. ~을 놀라게 하다 n. 놀람 surprising 놀라운 surprised 놀란

10.

정답 (C)

해석 저희 웹사이트에서 구매할 수 있는 모든 종류의 카펫들을 설명한 안내책자를 받으시려면 등록하십시오.

해설 문장에 이미 동사가 있으므로 빈칸은 빈칸 앞에 있는 명사를 수식할 분사 자리이다. 안내책자가 구입할 수 있는 모든 카펫들을 설명하는 주체이므로 능동을 나타내는 현재분사 (C) describing이 정답이다.

어휘 register 등록하다 brochure 안내책자 available 구입할 수 있는 describe ~을 설명하다

Day 01 Who 의문문

Quiz

1. Who's in charge of scheduling meetings?
(A) Tomorrow morning. [X]
(B) Mr. Tackett, I guess. [O]
(C) The project manager. [O]

누가 회의 일정을 정하는 일을 맡고 있나요?
(A) 내일 아침이요.
(B) 타케트 씨인 것 같아요.
(C) 프로젝트 책임자요.

해설 (A) 시점 표현으로 When 의문문에 어울리는 답변이므로 오답.
(B) Who에 어울리는 담당자 이름으로 답변하고 있으므로 정답.
(C) Who에 어울리는 특정 직책으로 답변하고 있으므로 정답.

어휘 be in charge of ~을 맡고 있다, 책임지고 있다 schedule v. ~의 일정을 정하다 I guess (문장 뒤에 덧붙여) ~인 것 같다

2. Who will lead the orientation session?
(A) In a meeting room. [X]
(B) Some people from the Personnel Department. [O]
(C) No, it was last week. [X]

누가 오리엔테이션 세션을 진행할 것인가요?
(A) 회의실에서요.
(B) 인사부의 몇몇 직원들이요.
(C) 아니요, 그건 지난주였어요.

해설 (A) 장소 표현으로 Where 의문문에 어울리는 답변이므로 오답.
(B) Who에 어울리는 부서의 사람들로 답변하고 있으므로 정답.
(C) 의문사가 없는 Yes/No 의문문에 어울리는 답변이므로 오답.

어휘 lead ~을 이끌다, 주도하다 orientation 오리엔테이션, 예비교육 meeting room 회의실 Personnel Department 인사부

Practice

1. (B)	2. (B)	3. (B)	4. (A)	5. (C)
6. (B)	7. (C)	8. (A)	9. (B)	10. (B)

1. Who asked you to work on the job?
(A) They already asked for it.
(B) Ms. Mendes did.
(C) I'm not working tomorrow.

누가 당신에게 그 일을 하도록 요청했나요?
(A) 그들은 이미 그것을 요청했어요.
(B) 멘데스 씨께서 하셨어요.
(C) 저는 내일 일하지 않아요.

정답 (B)
해설 Who에 대한 답변으로 사람 이름을 언급하고 asked를 반복하는 대신 did로 답변하고 있으므로 정답.
어휘 ask A to do: A에게 ~하도록 요청하다 work on ~에 대한 일을 하다 ask for ~을 요청하다

2. Who is making a presentation now?
(A) I think it was great.
(B) Our marketing director.
(C) I'll make one for you.

누가 지금 발표하고 있나요?
(A) 그것이 훌륭했다고 생각해요.
(B) 우리 마케팅 이사님이요.
(C) 제가 하나 만들어 드릴게요.

정답 (B)
해설 특정 직책의 사람을 언급하여 Who 의문문에 어울리는 답변이므로 정답.
어휘 make a presentation 발표하다 director 이사, 부장, 감독, 책임자

3. Who updated the training manual?
(A) A new manual.
(B) I think it was Martha.
(C) To help training.

교육 매뉴얼을 누가 업데이트했나요?
(A) 새 매뉴얼이요.
(B) 마사였던 것 같아요.
(C) 교육을 돕기 위해서요.

정답 (B)
해설 사람 이름을 언급하여 Who 의문문에 어울리는 답변이므로 정답.
어휘 update ~을 업데이트하다, 최신으로 갱신하다 training 교육 manual 매뉴얼, 설명서 I think ~인 것 같아요

4. Who is the speaker for the conference?
(A) Our company's president.

(B) Yes, it's very useful.

(C) I bought a new speaker.

회의의 강연자는 누구인가요?

(A) 저희 대표님이요.

(B) 네, 매우 유익해요.

(C) 저는 새 스피커를 샀어요.

정답 (A)

해설 사람을 지칭하는 명사를 언급하여 회의의 강연자가 누구인지를 묻는 Who 의문문에 어울리는 답변이므로 정답.

어휘 speaker 강연자, 발표자 conference 회의 president 대표자 useful 유익한 auditorium 강당 floor 층

5. Who is going to pick up product samples?

(A) The product's selling well.

(B) I didn't meet her yet.

(C) I think I can.

제품 샘플들을 누가 가져오실 건가요?

(A) 제품이 잘 팔리고 있어요.

(B) 전 그녀를 아직 만나지 않았어요.

(C) 제가 할 수 있을 것 같아요.

정답 (C)

해설 자신이 제품 샘플을 가져올 수 있을 것 같다는 의미로, Who 의문문에 어울리는 답변이므로 정답.

어휘 pick up ~을 찾아가다, 가져오다 product 제품 sample 견본품, 샘플 sell 팔리다, 판매되다 yet 아직

6. Who repaired this fax machine?

(A) Yes, I have it.

(B) I was on vacation at the time.

(C) Maybe some new machines.

누가 이 팩스기를 수리했나요?

(A) 네, 제가 가지고 있어요.

(B) 그때 저는 휴가 중이었어요.

(C) 아마도 몇 개의 새 기계들이요.

정답 (B)

해설 자신은 휴가 중이었다는 말로 누가 수리했는지 모른다는 의미를 나타내므로 정답.

어휘 repair ~을 수리하다 machine 기계 be on vacation 휴가 중이다 maybe 아마도

7. Who's organizing the concert this year?

(A) In the front row.

(B) The concert was a great success.

(C) I'm managing the event.

올해 콘서트는 누가 준비하나요?

(A) 앞줄에서요.

(B) 콘서트는 대성공이었어요.

(C) 제가 행사를 관리합니다.

정답 (C)

해설 질문에 쓰인 organizing the concert를 managing the event로 패러프레이징하여 자신이 관리한다고 말하므로 정답.

어휘 organize ~을 준비하다, 조직하다 row 열, 줄 great success 대성공 manage ~을 관리하다 event 행사

8. Who can open the supply room?

(A) I have the key.

(B) There are some job openings.

(C) In the supply room.

누가 비품실을 열 수 있나요?

(A) 제가 열쇠를 가지고 있어요.

(B) 몇 개의 일자리 공석이 있습니다.

(C) 비품실에요.

정답 (A)

해설 자신이 열쇠를 가지고 있다는 말로, 자신이 비품실을 열 수 있다는 의미를 나타내므로 정답.

어휘 supply room 비품실 job openings 일자리, 채용 중인 직무

9. Who issued the parking permit?

(A) A parking pass.

(B) The building manager.

(C) It's the biggest park in this area.

누가 주차증을 발급했나요?

(A) 주차권이요.

(B) 건물 관리인이요.

(C) 이 지역에서 가장 큰 공원이에요.

정답 (B)

해설 특정 인물을 언급하여 주차증을 발급한 사람이 누군지 묻는 질문에 어울리므로 정답.

어휘 issue v. ~을 발급하다 parking permit 주차(허가)증 parking pass 주차(이용)권 building manager 건물 관리인 area 지역

10. Who can show me how to update the computer security program?

(A) Yes, that was a great show.

(B) I can, in a few minutes.

(C) An updated model.

누가 저에게 컴퓨터 보안 프로그램을 업데이트하는 방법을 가르쳐 주실 수 있나요?
(A) 네, 그건 좋은 공연이었어요.
(B) 제가 몇 분 후에 할 수 있어요.
(C) 업데이트된 모델이요.

정답 (B)

해설 방법을 가르쳐 줄 수 있는 사람을 묻는 질문에 자신이 할 수 있다는 답변이므로 정답.

어휘 show n. 쇼, 공연 v. (방법을) 보여 주다, 가르쳐 주다 how to ~하는 방법 security 보안 in a few minutes 몇 분 후에, 곧, 조금 후에

Day 02 동명사 ❶

3초 퀴즈

정답 (B)

해석 우리는 우리 직원들의 복지를 촉진시키는 것에 전념한다.

해설 빈칸 앞에 전치사가 있으므로 전치사의 목적어 역할이 가능한 동명사 (B) promoting이 정답이다.

어휘 be committed to ~하는 것에 전념하다 staff 직원 welfare 복지 promote ~을 촉진하다

Practice

1. (B)	2. (D)	3. (D)	4. (A)	5. (A)

1.

정답 (B)

해석 미국에서 캐나다로 여행을 갈 때, 여권을 갖고 가는 것이 권장된다.

해설 빈칸 뒤에 명사와 동사가 있으므로 빈칸부터 a passport까지가 주어 역할을 해야 한다. 따라서 주어 역할을 할 수 있는 동명사 (B) Carrying이 정답이다.

어휘 passport 여권 recommend ~을 권장하다 travel 여행하다 carry ~을 가지고 다니다

2.

정답 (D)

해석 엘리엇 씨는 데이터베이스 시스템에 개인 정보를 입력하는 것을 책임지고 있다.

해설 빈칸 앞에 전치사가 있으므로 빈칸에는 전치사의 목적어 역할을 할 수 있는 동명사가 들어가야 한다. 따라서 (D) entering이 정답이다.

어휘 be responsible for ~을 책임지다 personal 개인적인 information 정보 enter ~을 입력하다

3.

정답 (D)

해석 저희 총회를 찾아 주시는 여러분을 항상 즐겁게 환영합니다.

해설 빈칸 바로 뒤에 동명사가 쓰여 있으므로 동명사를 목적어로 취하는 동사 (D) enjoy가 정답이다.

어휘 have A do A에게 ~하게 하다 convention 총회 ask ~을 요청하다 decide ~을 결정하다 agree 동의하다 enjoy ~을 즐기다

4.

정답 (A)

해석 저희는 고객님의 세탁물을 수령한 후 이틀 이내에 돌려드릴 것입니다.

해설 빈칸 앞에 대명사가 있으므로 빈칸에는 전치사의 목적어 역할을 할 동명사가 와야 한다. 따라서 (A) receiving이 정답이다.

어휘 return ~을 돌려보내다 dry cleaning 드라이클리닝 한 세탁물 within ~ 이내에 receive ~을 수령하다

5.

정답 (A)

해석 허버트 씨는 올 여름에 긴 휴가를 떠나는 것을 생각하고 있다.

해설 빈칸 바로 뒤에 동명사가 쓰여 있으므로 동명사를 목적어로 취하는 동사 consider의 현재분사 형태인 (A) considering이 정답이다.

어휘 take a holiday 휴가를 떠나다 consider ~을 고려하다 think ~을 생각하다 hope ~을 바라다 plan ~을 계획하다

Day 03 What/Which 의문문

Quiz

1. What time are we meeting with the clients?
(A) Yes, I will attend the meeting. [X]
(B) Conference room B. [X]
(C) At noon. [O]

몇 시에 우리가 그 고객들과 만나나요?
(A) 네, 저는 그 회의에 참석할 겁니다.
(B) 대회의실 B요.
(C) 정오에요.

해설 (A) 의문사 의문문에 어울리지 않는 Yes로 답변하고 있으므로

오답.

(B) 장소 표현으로 Where 의문문에 어울리는 답변이므로 오답.

(C) What time에 어울리는 특정 시점 표현으로 답변하고 있으므로 정답.

어휘 meet with (약속하여) ~와 만나다 client 고객 attend ~에 참석하다 noon 정오

2. <u>Which hall</u> are we going to use?

(A) The one on the third floor. [O]

(B) About marketing. [X]

(C) At 9:30 tomorrow. [X]

우리는 어느 홀을 사용할 것인가요?

(A) 3층에 있는 걸로요.

(B) 마케팅에 대해서요.

(C) 내일 9시 30분에요.

해설 (A) Which에 어울리는 대명사 the one으로 답변하고 있으므로 정답.

(B) 관련된 내용에 관한 표현으로 What 의문문에 어울리는 답변이므로 오답.

(C) 특정 시점 표현으로 What time에 어울리는 답변이므로 오답.

어휘 use ~을 사용하다, 이용하다

Practice

1. (A)	2. (A)	3. (C)	4. (C)	5. (B)
6. (C)	7. (B)	8. (B)	9. (C)	10. (C)

1. What do you think of the movie?

(A) It's funny and interesting.

(B) I will move next week.

(C) I don't know what he likes.

그 영화에 대해서 어떻게 생각해요?

(A) 웃기고 흥미로워요.

(B) 저는 다음 주에 이사해요.

(C) 그가 무엇을 좋아하는지 잘 모르겠어요.

정답 (A)

해설 영화에 대한 의견을 묻는 What 의문문에 어울리는 특징으로 답변하고 있으므로 정답.

어휘 What do you think of A? A에 대해서 어떻게 생각하세요? funny 웃기는, 재미있는 interesting 흥미로운 move 이사하다, 옮기다

2. What's the price of that black chair?

(A) It's sixty-five dollars.

(B) Yes, we need it in the meeting room.

(C) A prize will be given.

저 검은색 의자의 가격은 얼마인가요?

(A) 65달러입니다.

(B) 네, 우리는 회의실에 그것이 필요합니다.

(C) 상품이 주어질 것입니다.

정답 (A)

해설 검은색 의자의 금액을 묻는 질문에 금액을 말하고 있으므로 정답.

어휘 What's the price of A? A의 가격이 얼마인가요? prize 상, 상품, 경품

3. Which folder is yours?

(A) It's in my file folder.

(B) A lot of documents on my desk.

(C) The green one with a name tag.

어느 서류철이 당신의 것인가요?

(A) 제 파일 서류철에 있어요.

(B) 많은 서류들이 제 책상 위에 있어요.

(C) 이름표가 달린 초록색으로 된 것입니다.

정답 (C)

해설 file을 one으로 지칭하여 말하는 답변으로 Which 의문문에 어울리는 정답.

어휘 folder 서류철 a lot of 많은 document 서류 with ~을 가진, ~이 달린

4. Which tablet computer did you buy?

(A) No, I didn't fix them.

(B) An electronics store downtown.

(C) I ordered the cheapest one.

어느 태블릿을 사셨나요?

(A) 아니요, 저는 그것들을 고치지 않았어요.

(B) 시내 전자제품 매장이요.

(C) 가장 저렴한 것을 주문했어요.

정답 (C)

해설 tablet computer을 one으로 지칭하여 Which 의문문에 답하는 정답.

어휘 tablet computer 태블릿 컴퓨터 fix 고치다, 수리하다 electronics store 전자제품 매장 downtown 시내에 order ~을 주문하다 cheap 저렴한, 돈이 적게 드는

5. What are you going to do this evening?

(A) That's not mine.

(B) I'm planning to visit my friend.

(C) Not until this weekend.

오늘 저녁에 무엇을 하실 예정이신가요?

(A) 그건 제 것이 아닙니다.

(B) 친구 집을 방문할 계획입니다.

(C) 이번 주말이나 되어야 합니다.

정답 (B)

해설 be going to do가 사용된 질문에 be planning to visit로 답변하여 오늘 저녁 일정을 묻는 질문에 어울리는 반응이므로 정답.

어휘 be going to do ~할 예정이다, ~할 것이다 plan to do ~할 계획이다 visit ~을 방문하다 Not until A: A나 되어야 한다

6. Which title should I choose for the article?

(A) She is writing an article now.

(B) Yes, I read about that.

(C) Any one you want.

기사의 제목을 어느 것으로 선택해야 할까요?

(A) 그녀는 지금 기사를 작성하고 있어요.

(B) 네, 그것에 관해 읽어봤어요.

(C) 어느 것이든 원하시는 것으로요.

정답 (C)

해설 title을 one으로 지칭하여 어느 것이든 원하는 것으로 선택하라고 말하는 답변이므로 정답.

어휘 title 제목 choose ~을 선택하다 article 글, 기사 any one 어느 것이든

7. What's the monthly meeting about?

(A) At 11 a.m.

(B) A new security system.

(C) I'm meeting with a client soon.

월간 회의가 무엇에 관한 것인가요?

(A) 오전 11시에요.

(B) 새로운 보안 시스템이요.

(C) 저는 곧 고객 한 분과 만납니다.

정답 (B)

해설 회의 주제를 묻는 What에 대한 응답으로 새로운 보안 시스템을 언급한 답변이므로 정답.

어휘 What's A about? A는 무엇에 관한 것인가요? monthly 월간의, 달마다의 security 보안 meet with (약속하여) ~와 만나다

8. Which printer needs to be fixed?

(A) Ten copies of materials.

(B) The one right next to the file cabinet.

(C) Because we need more help.

어느 프린터가 수리되어야 하나요?

(A) 자료 복사본 열 부요.

(B) 파일 보관함 바로 옆에 있는 것이요.

(C) 우리에게 더 많은 도움이 필요하기 때문이에요.

정답 (B)

해설 printer를 one으로 지칭하여 수리가 필요한 특정 프린터를 가리켜 언급하므로 정답.

어휘 need ~할 필요가 있다, ~을 필요로 하다 be fixed 수리되다 copy n. 복사본, 한 부 material 자료 right ad. 바로 next to ~의 옆에 cabinet 보관함, 수납장

9. What time is the staff meeting?

(A) Sure. I have time now.

(B) To prepare for the meeting.

(C) It starts at 10 A.M.

직원 회의는 몇 시인가요?

(A) 그럼요. 지금 시간 있어요.

(B) 회의를 준비하기 위해서요.

(C) 오전 10시에 시작해요.

정답 (C)

해설 특정 시간을 언급하며 회의 시작 시간을 묻는 의문에 어울리는 답변이므로 정답.

어휘 staff meeting 직원 회의 prepare for ~을 준비하다 start at + 시간: ~에 시작하다

10. Which flight are you taking?

(A) A long flight.

(B) For twelve hours.

(C) Flight 892 to Chicago.

어느 비행기를 타시나요?

(A) 장시간 비행이요.

(B) 12시간 동안이요.

(C) 시카고행 892편 비행기요.

정답 (C)

해설 항공편 번호와 목적지를 함께 말하며 어느 비행기를 타는지 묻는 질문에 어울리는 답변이므로 정답.

어휘 flight 항공편 take (교통수단 등을) 타다 long 장시간의

Day 04 동명사 ❷

3초 퀴즈

정답 (B)

해석 배송을 받은 후에 상품을 검수하십시오.

해설 빈칸 뒤에 명사 목적어가 있으므로 빈칸은 목적어를 가질 수 있는 동명사 (B) receiving이 정답이다.

어휘 examine ~을 검수하다 product 상품 after ~후에 delivery 배송 receipt 영수증 receive ~을 받다

Practice

1. (C)	2. (D)	3. (B)	4. (C)	5. (D)

1.

정답 (C)

해석 우리는 생산을 늘리기 위해 새 공장을 짓는 것에 대해 계획하고 있다.

해설 빈칸 앞뒤로 전치사와 명사가 있으므로 빈칸에는 명사를 목적어로 취하면서 전치사의 목적어 역할을 할 수 있는 동명사가 와야 한다. 따라서 (C) building이 정답이다.

어휘 plan ~을 계획하다 plant 공장 increase ~을 늘리다 production 생산 build ~을 짓다

2.

정답 (D)

해석 홍보 전단지의 배포는 마크 그린 씨에 의해 행해질 것이다.

해설 빈칸 앞에는 정관사가, 빈칸 뒤에는 전치사가 있으므로 빈칸은 명사의 자리이다. 따라서 (D) distribution이 정답이다. 동명사 (A) distributing도 명사의 역할을 하지만 관사와 함께 쓰일 수 없으므로 오답이다.

어휘 promotional 홍보의 flyer 전단지 carry out ~을 수행하다 distribute ~을 배포하다 distribution 배포

3.

정답 (B)

해석 보상을 제공하는 것이 경쟁력 있는 인력을 보유하는 최상의 방법이다.

해설 빈칸 앞에는 전치사가, 빈칸 뒤에는 명사가 있으므로 빈칸은 명사를 목적어로 취하면서 전치사의 목적어 역할을 할 수 있는 동명사 자리이다. 따라서 (B) retaining이 정답이다.

어휘 give ~을 제공하다 reward 보상 competitive 경쟁력 있는 workforce 인력 retain ~을 보유하다

4.

정답 (C)

해석 지난 10년 안에 새로운 기술의 출현은 업무 현장을 완전히 바꿔 놓았다.

해설 빈칸 앞에는 정관사가, 빈칸 뒤에는 전치사가 있으므로 빈칸은 명사의 자리이다. 따라서 (C) emergence가 정답이다. 동명사 (B) emerging도 명사의 역할을 하지만 관사와 함께 쓰일 수 없으므로 오답이다.

어휘 technology 기술 decade 10년 completely 완전히 transform ~을 바꿔 놓다 workplace 업무 현장 emerge 출현하다 emergence 출현

5.

정답 (D)

해석 피터슨 씨는 변호사와 상담한 후에 결정을 내렸다.

해설 빈칸 앞에는 전치사가, 빈칸 뒤에는 전치사구가 있으므로 빈칸에는 전치사의 목적어 역할을 하면서 전치사구의 수식을 받을 수 있는 동명사가 들어가야 한다. 따라서 (D) consulting이 정답이다.

어휘 make a decision 결정을 내리다 after ~후에 lawyer 변호사 consult 상담하다 consultation 상담

Day 05 Weekly Test

VOCA

1. (C)	2. (B)	3. (A)	4. (B)	5. (A)
6. (C)	7. (C)	8. (D)		

7.

해석 버터스워스 씨는 건강 보험을 갱신할 필요가 있다.

해설 빈칸에는 건강 보험과 관련해 버터스워스 씨가 취할 필요가 있는 행동을 나타낼 수 있는 단어가 필요하다. 따라서 '~을 갱신하다'라는 뜻의 (C) renew가 정답이다.

어휘 need to do ~할 필요가 있다 health 건강 insurance 보험 open 개장하다 exchange ~을 교환하다 renew ~을 갱신하다 expect ~을 예상하다

8.

해석 점보 버거의 매니저들은 직원들에게 안내서를 가지고 오라고 요청했다.

해설 빈칸에는 특정 매장의 매니저가 직원들에게 안내서에 대해 요청한 행위를 나타낼 어휘가 필요하다. 따라서 '~을 가지고 오

다'라는 뜻의 (D) bring이 정답이다.

어휘 ask A to do A에게 ~할 것을 요청하다 employee 직원
handbook 안내서 subscribe ~을 구독하다 promote
~을 승진시키다, 홍보하다 provide ~을 제공하다 bring ~을
가지고 오다, 데려가다

LC

1. (B)	2. (B)	3. (C)	4. (B)	5. (A)
6. (A)	7. (A)	8. (C)	9. (C)	10. (B)

1. Who is going to set up the meeting room?
(A) In the new conference room.
(B) Jerry said he can do it.
(C) No, that's not today.

누가 회의실에 준비 작업을 할 건가요?
(A) 새 회의실에서요.
(B) 제리가 할 수 있다고 말했습니다.
(C) 아뇨, 그건 오늘이 아닙니다.

정답 (B)
해설 (A) 장소 전치사 in과 장소명사가 언급되어 Where 의문문에
어울리는 반응이므로 오답.
(B) 회의실 준비 작업을 할 사람을 묻는 질문에 사람 이름과
부연 설명을 덧붙인 정답.
(C) Yes/No로 시작하는 답변은 Who 의문문에 어울리지 않
으므로 오답.

어휘 be going to do ~할 것이다, ~할 예정이다 set up ~을
준비하다, 설치하다, 설정하다

2. Which magazine should we publish our
advertisement in?
(A) A magazine stand.
(B) Let's try *The Trend*.
(C) It was published two months ago.

우리가 어느 잡지에 광고를 게재해야 할까요?
(A) 잡지 가판대요.
(B) <트렌드>지로 합시다.
(C) 두 달 전에 출간됐어요.

정답 (B)
해설 (A) 질문에 포함된 magazine을 반복 사용한 답변이지만, 질
문과 관련 없는 내용이므로 오답.
(B) 특정 잡지 이름을 언급하여 Which 의문문에 어울리는 답
변이므로 정답.
(C) 질문에 포함된 publish가 반복 사용되었지만, 시점에 관
한 내용이므로 질문과 관련 없는 오답.

어휘 magazine 잡지 publish ~을 게재하다, 발행하다, 출판하다
advertisement 광고 stand 가판대 Let's try A: A를
해봅시다 ago ~전에

3. What kind of device do you want?
(A) In my backyard.
(B) I agree with that.
(C) Something easy to carry.

어떤 종류의 기기를 원하시나요?
(A) 저희 집 뒤뜰에요.
(B) 그것에 동의합니다.
(C) 뭔가 휴대하기 쉬운 것이요.

정답 (C)
해설 (A) 장소 전치사와 장소명사를 언급하여 Where 의문문에 어
울리는 답변이므로 오답.
(B) 상대방의 의견에 대해 동의할 때 사용하는 답변이므로 오
답.
(C) 질문에 언급된 device를 something으로 표현하여 원하
는 특징을 함께 언급하는 답변으로 기기의 종류를 묻는 질
문에 어울리므로 정답.

어휘 What kind of ~? 어떤 종류의 ~인가요? device 기기,
장치 backyard 뒤뜰 agree with ~에 동의하다 carry
~을 휴대하다, 갖고 다니다, 나르다

4. Who will be our new team leader?
(A) I didn't know that.
(B) I heard it's Ms. Kim.
(C) Do you think he can handle it?

누가 우리의 신임 팀장님이 되실까요?
(A) 그건 몰랐습니다.
(B) 김 씨라고 들었습니다.
(C) 그가 그것을 처리할 수 있다고 생각하시나요?

정답 (B)
해설 (A) that이 지칭하는 것이 무엇인지 알 수 없으므로 오답.
(B) 자신이 들어서 알고 있는 사람 이름을 말하는 것으로
Who 의문문에 어울리므로 정답.
(C) he가 가리키는 대상을 알 수 없으므로 오답.

어휘 hear (that) ~라는 말을 듣다, 소식을 듣다 handle ~을
처리하다, 다루다

5. Which of these colors would look best in the
logo?
(A) My preference is the blue.
(B) We don't have a logo.
(C) It's a great design.

정답 및 해설 **29**

이 색상들 중에 어느 것이 로고와 가장 잘 어울리는 것 같나요?
(A) 제가 선호하는 것은 파란색입니다.
(B) 우리는 로고가 없어요.
(C) 훌륭한 디자인이네요.

정답 (A)
해설 (A) 특정 색상을 말하는 답변으로 색상 중에서 골라야 하는 Which 의문문에 어울리는 정답.
(B) 질문에 포함된 logo를 반복 언급하였지만, 질문과 관련 없는 내용이므로 오답.
(C) logo와 관련 있게 들리는 design을 언급하였지만, 색상에 대한 질문과 관련 없는 내용이므로 오답.
어휘 **preference** 선호, 선호하는 것 **great** 괜찮은, 훌륭한 **design** 디자인, 형태

6. Who should I call to get some office supplies?
(A) Contact Mr. Jeong on the 3rd floor.
(B) No, they're not.
(C) Last weekend.

사무용품을 좀 받으려면 누구에게 전화해야 하죠?
(A) 3층에 있는 정 씨에게 연락해 보세요.
(B) 아뇨, 그것들은 그렇지 않아요.
(C) 지난 주말이요.

정답 (A)
해설 (A) 사람 이름과 함께 그 사람에게 연락해 보도록 권하는 내용으로, Who 의문문에 어울리므로 정답.
(B) Yes/No로 시작하는 답변은 Who 의문문에 어울리지 않으므로 오답.
(C) 과거시점 표현으로서, When 의문문에 어울리는 답변이므로 오답.
어휘 **get** ~을 받다, 얻다, 구하다 **supplies** 용품, 물품 **contact** ~에게 연락하다

7. What Web site did you order your running shoes from?
(A) I'll send you the link.
(B) No, I ordered seven.
(C) A shipment to London.

어떤 웹 사이트에서 운동화를 주문하셨나요?
(A) 링크를 보내 드릴게요.
(B) 아니요, 저는 7개를 주문했어요.
(C) 런던으로의 배송이요.

정답 (A)
해설 (A) 링크를 보내주겠다는 말은 어떤 웹 사이트에서 주문했는지 묻는 질문에 대한 답변이 될 수 있으므로 정답.
(B) 질문에 포함된 order을 언급하였지만, Yes/No로 시작하는 답변은 What 의문문에 어울리지 않으므로 오답.
(C) order와 관련 있는 shipment를 언급하였지만, 웹 사이트에 관한 답변이 아니므로 오답.
어휘 **order** ~을 주문하다 **send** ~을 보내다, 전하다 **shipment** 수송(품), 배송

8. Which conference room would you like to use?
(A) Thursday or Friday.
(B) You can use my pen.
(C) I like the one we used last year.

어느 회의실을 사용하고 싶으세요?
(A) 목요일 또는 금요일이요.
(B) 제 펜을 쓰셔도 돼요.
(C) 저는 우리가 작년에 사용했던 곳이 좋아요.

정답 (C)
해설 (A) 요일을 말하는 표현으로 When 의문문에 어울리는 답변이므로 오답.
(B) 질문에 포함된 use를 언급하였지만, 질문 내용과 관련 없으므로 오답.
(C) conference room을 one으로 지칭하여 사용하기 원하는 곳을 언급하는 답변이므로 정답.
어휘 **conference room** 회의실 **use** ~을 사용하다

9. Who is in charge of the marketing campaign?
(A) At the market across the street.
(B) It's free of charge.
(C) Ms. Keller is supervising that.

마케팅 캠페인 일은 누가 맡고 있나요?
(A) 맞은편 시장에서요.
(B) 무료입니다.
(C) 켈러 씨가 관리하고 계세요.

정답 (C)
해설 (A) 장소 전치사와 장소명사가 언급되어 Where 의문문에 어울리는 답변이므로 오답.
(B) charge를 다른 의미로 언급하였으나 담당자가 누구인지 묻는 질문에 어울리지 않으므로 오답.
(C) 특정 이름을 언급하는 것으로 Who 의문문에 어울리는 답변을 하고 있으므로 정답.
어휘 **in charge of** ~의 담당인, ~을 맡고 있는 **across** 맞은편에 **free of charge** 무료의 **supervise** ~을 관리하다, 감독하다

10. Who repaired this printer?
(A) Mr. Craig printed them already.
(B) I was out of the office.
(C) She ordered more paper.

프린터를 누가 수리했나요?

(A) 크레이그 씨가 그것들을 이미 출력했어요.

(B) 저는 사무실에 없었어요.

(C) 그녀가 복사 용지를 더 주문했어요.

정답 (B)

해설 (A) 특정 이름을 언급했으나 them이 지칭하는 것이 무엇인지 알 수 없고, 프린터를 수리한 사람이 누구인지 묻는 질문에 어울리지 않는 내용이므로 오답.

(B) 화자가 사무실에 없었다는 말로 프린터를 수리한 사람이 누군지 모르겠다는 의미이므로 정답.

(C) printer와 관련된 단어로 paper를 언급하였지만, She가 지칭하는 대상을 알 수 없으므로 오답.

어휘 **repair** ~을 수리하다 **printer** 프린터, 인쇄기 **print** ~을 인쇄하다, 출력하다 **already** 이미, 벌써 **be out of** ~에 부재하다, 자리를 비우다 **order** 주문하다

RC

1. (A)	2. (D)	3. (A)	4. (C)	5. (A)
6. (B)	7. (C)	8. (D)	9. (C)	10. (B)

1.

정답 (A)

해석 새 공장을 짓는 것은 불황기에 제조 회사들이 직면하는 어려운 일이다.

해설 문장의 동사가 있으므로 빈칸부터 is 앞까지가 주어 역할을 해야 한다. 빈칸 뒤에 명사가 있으므로 주어 역할을 할 수 있는 동시에 이 명사를 목적어로 취할 수 있는 동명사 (A) Building이 정답이다.

어휘 **plant** 공장 **tough** 힘든 **challenge** 어려운 일 **face** ~에 직면하다 **recession** 불황

2.

정답 (D)

해석 프로젝트에 추가 지원을 받았음에도 불구하고, 왕 씨는 마감시한을 맞추지 못했다.

해설 빈칸 앞에 전치사가 있고, 빈칸 뒤에 목적어가 있으므로 전치사의 목적어 역할을 하면서 목적어를 취할 수 있는 동명사 (D) receiving이 정답이다.

어휘 **in spite of** ~에도 불구하고 **additional** 추가적인 **support** 지원 **meet the deadline** 마감시한을 맞추다 **receive** ~을 받다

3.

정답 (A)

해석 긴 휴가를 가려고 생각하는 사람들은 상사에게 연락하여 승인서를 받아야 한다.

해설 빈칸 뒤에 동명사가 있으므로 동명사를 목적어로 취하는 동사를 고르면 된다. 따라서 (A) considering이 정답이다.

어휘 **those who** ~하는 사람들 **take a holiday** 휴가를 가다 **contact** 연락하다 **supervisor** 상사 **approval** 승인 **form** 양식 **consider** ~을 고려하다 **intend** ~을 의도하다 **choose** ~을 선택하다 **want** ~을 원하다

4.

정답 (C)

해석 전자제품 업계 분석가들은 더 낮은 비용으로 저가형 모바일 장치를 개발할 것을 권장했다.

해설 빈칸 앞에 위치한 동사 recommend는 동명사를 목적어로 취하므로 (C) developing이 정답이다.

어휘 **electronics** 전자제품 **industry** 산업 **analyst** 분석가 **recommend** ~을 권장하다 **low-end** 저가의 **device** 장치 **develop** ~을 개발하다 **development** 발전

5.

정답 (A)

해석 새 쇼핑몰의 개장은 고용이라는 차원에서 지역사회에 영향을 끼칠 것이다.

해설 빈칸 앞에 정관사가 있으므로 빈칸은 명사 자리이다. 따라서 (A) opening이 정답이다. opening은 명사와 동명사로 둘 다 사용할 수 있지만, 동명사는 정관사와 함께 사용할 수 없으므로 여기서는 명사로 사용되었다.

어휘 **be likely to do** ~일 것이다 **affect** 영향을 미치다 **community** 지역사회 **in terms of** ~에 관하여 **employment** 고용 **opening** 개장

6.

정답 (B)

해석 저희 헬포드 텍스타일은 오래 내구성을 유지하는 카펫을 제조하는데 전념하고 있습니다.

해설 빈칸 앞에 제시되어 있는 be committed to는 명사나 동명사를 이끄는 숙어이다. 그런데 빈칸 뒤에 명사가 있으므로 이 명사를 목적어로 취할 수 있는 동명사 (B) producing이 정답이다.

어휘 **be committed to** ~에 헌신하다 **remain** ~인 상태를 유지하다 **durable** 내구성 있는 **over** ~에 걸쳐 **period** 기간 **produce** ~을 제조하다 **productivity** 생산성 **production** 제조

7.

정답 (C)

해석 라피온 씨의 상사는 새로운 추적 시스템에 데이터를 정확히 입력한 것에 대해 그녀를 칭찬했다.

해설 빈칸 앞에는 부사가 빈칸 뒤에는 명사가 있으므로 빈칸에는 부사의 수식을 받을 수 있으면서 뒤의 명사를 목적어로 취할

수 있는 동명사가 와야 한다. 따라서 (C) entering이 정답이
다.

어휘 **manager** 상사 **commend A for B** A에게 B에 대해
칭찬하다 **accurately** 정확하게 **tracking** 추적 **enter** ~을
입력하다 **entrance** 입구 **agree** 동의하다

8.

정답 (D)

해석 저희는 매년 열리는 컨벤션에 여러분들을 즐거운 기분으로 맞
이하는 바이며, 또한 여러분께서 올해의 변경사항을 이해해
주시기 바랍니다.

해설 빈칸 뒤에 동명사가 있으므로 이 동명사를 목적어로 가지는
(D) enjoy가 정답이다.

어휘 **convention** 컨벤션 **hope** ~을 바라다 **change** 변경사항
acceptable 수용할 수 있는

9.

정답 (C)

해석 의견을 반영하여, 그 회사는 개선된 서비스를 제공하기 위해
직원 교육에 중점을 둘 것이다.

해설 빈칸 앞에 있는 전치사 뒤에 올 수 있는 것은 명사와 동명사인
데, 빈칸 뒤 명사가 있으므로 빈칸에는 전치사의 목적어 역할
을 하면서 명사 목적어를 취할 수 있는 동명사가 와야 한다.
따라서 (C) training이 정답이다. training은 동명사와 명사
로 둘 다 사용할 수 있다.

어휘 **in response to** ~에 응하여 **focus on** ~에 중점을 두다
staff 직원 **provide** ~을 제공하다 **improved** 개선된
train ~을 교육하다 **trainer** 교육자 **training** 교육

10.

정답 (B)

해석 현재 진행 중인 프로젝트를 완료하는 즉시, 하들러 디자인은
보스턴에서 복합단지를 개발하는 새로운 프로젝트를 시작할
것이다.

해설 빈칸 앞에 있는 전치사 뒤에 올 수 있는 것은 명사와 동명사인
데, 선택지에 제시된 동사 complete는 타동사이므로 목적어
를 필요로 하는 동사이다. 그런데 빈칸 뒤에 목적어가 있으므
로 빈칸에는 동명사가 와야 한다. 따라서 (B) completing이
정답이다.

어휘 **upon + 명사/동명사** ~하자마자 **ongoing** 진행 중인 **start**
~을 시작하다 **develop** ~을 개발하다 **complex** 복합단지
completion 완료 **complete** v. ~을 완료하다 a. 완전한